AF293663

Zu diesem Buch:

„Ich hatte mich auf den Weg gemacht, das rechte Weihnachtslicht zu suchen in den Wirren unserer Zeit..."
So beginnt ein Gedicht in diesem Buch. „Viele Wege musste ich da gehen, um an der Grenze dieses Licht zu sehen...", so in einem anderen.
Wie solches gelingen kann, wird in diesem Gedichtband in sprechenden, farbigen Bildern beschrieben, die „sitzend an der Krippe" Zugang eröffnen zu dem einmaligen Geschehen vor zweitausend Jahren.
Das ist nur möglich in der Stimmung einer tiefen Hingabe an ein solches Wunder, in dem sich unser freudiges Erstaunen widerspiegeln wird.

Der Autor:

Wolfgang Rinn, 1936 in Tübingen geboren, war viele Jahre als Sonderpädagoge in der Behindertenarbeit tätig. Er fing erst in höherem Lebensalter mit 56 Jahren an Gedichte zu schreiben und veröffentlichte seit 1998 in regelmäßigen Zeitabständen Lyrikbände zu verschiedenen Lebensbereichen wie Sterben und Tod, aber auch Tier- und Blumengedichte und Meditationen zu Kreuzwegstationen Christi. Die letzte Veröffentlichung sind Vogelgedichte. Darüber hinaus ist er in zahlreichen Anthologien und Tageszeitungen sowie im Internet vertreten. Immer wieder hält er auch öffentliche Lesungen bei Altennachmittagen in Kirchengemeinden. Er lebt in Reutlingen.

Die Fotografin:

Ursula Schmalzried fotografiert leidenschaftlich gerne, mit wachem Blick für interessante Dinge in ihrer Umgebung, und besitzt inzwischen ein umfangreiches Archiv vor allem mit eindrucksvollen Naturaufnahmen. Sie lebt heute in Pfullingen.

Wolfgang Rinn

Das Geschehen an der Weihnachtskrippe

Bilder und Gedichte

Umschlaggestaltung: Johannes Rinn
Satz und Layout: Johannes Rinn

Bildnachweis:
Ursula Schmalzried, Johannes Rinn (30, 32)

Herstellung und Verlag:
BoD- Books on Demand, Norderstedt

ISBN 9783748152132

„Ich hatte mich auf den Weg gemacht, das rechte Weihnachtslicht zu suchen.“

- Weihnachtsgedichte -

Inhalt:

Weihnachtslicht

*Ich hatte mich
auf den Weg gemacht,
das rechte Weihnachtslicht
zu suchen,
in großer Sorge,
es könnte erloschen sein
in den Wirren unserer Zeit.*

*Die Flamme ist sehr klein geworden,
aber mit einem Male
erkannte ich,
dass aller äußere Schein
nur ein Trugbild war,
und, was ich verzweifelt suchte,
sich zum Innenlicht gewandelt hatte,
sehr unscheinbar und verborgen zwar,
aber ebenso tröstlcih und strahlend
wie das Wunder,
das seinerzeit zu Bethlehem geschah.*

Auf der Suche nach Weihnachten

Ich werde Weihnachten sagen
und Fragender sein,
ich werde die Menschen auf Erden ertragen
und einsam sein,
ich werde versuchen mich einzureihen
in der Hirten Schar,
so wie es damals
vor zweitausend Jahren war,
ich werde suchen gehen das Kind,
auch wenn die Vielen
ringsum gegen mich sind.

Da der Stern, der den Weg zeigt,
verschwunden ist
in der Lichter Meer,
wird das Suchen heute
so unendlich schwer.
Ich wünsche mir ihn als Spiegelbild,
der, was außen einst,
nach innen wendet
und seine Ankunft dort
in Herzens Helligkeit beendet.

Begegnung an der Krippe

Auf unserem Schrank zuhause
steht eine kleine Krippe
von Weihnachten her,
winzig klein und unscheinbar,
so ganz und gar vergessen.

Aber Weihnachten,
wenn ich es recht bedenke,
ist doch das ganze Jahr über
und überall zugleich -
immer ein bisschen,
die Leute merken´s nur nicht.

Da ruft keiner,
du musst schon selbst hinschauen
und hören wirst du auch nichts,
aber vielleicht,
dass eine Stimme Antwort gibt
in dir, dass dich´s bewegt
und unbemerkt ein kleines Licht angeht,
das still und ruhig leuchtet
über den Tag hinaus
und davon kündet,
dass Begegnung stattgefunden hat.

Welcher Art sie ist,
du kannst es nicht beim Namen nennen,
wozu auch, da doch weiterlebt,
was dir erfahrbar worden ist.

Geburt

Weihnacht -
Ursprung, Werdelust und
Licht vom ewgen Licht,
Wegbereiter,
Quell des Neubeginns,
Geburt verborgnen Lebens,
das seither nun
in allen ruht,
und dann der Ruf,
der uns ereichen wird
als Botschaft
hier auf Erden:

„Gerettet seid ihr
durch ein göttlich Kind!"

An der Krippe

Einfach nur dasitzen,
warten,
wahrnehmen
was geschehen wird.

Wiederschein
im Antlitz derer,
die gekommen -
ihr Weg war der des Sterns -
dies Wunder zu empfangen:

ein Kind,
ein stilles Leuchten -
nichts weiter sonst.

Verwandelt
kehren sie zurück,
und tragen in sich
jenen Keim,
der wie ein ewges Licht
seit dieser Zeit
der Erde einverwoben,
geheimnisvoll
als künftger Hoffnungsträger.

Das Geschehen an der Krippe

vier Weihnachtsgedichte

Weihnachtsfiguren

Vertauschte Rollen

Besuch an der Krippe

Wiederkehr

Weihnachtsfiguren

Stellvertreter einstigen Geschehens:
Figuren aus Fichtenholz,
handgeschnitzt in groben Zügen,
wie um ein Geheimnis zu bewahren.

So sind versammelt sie um ein Licht:
der einzigen Kerzenflamme,
die den Raum erhellt,
nichts weiter sonst,
sie mag genügen Mittelpunkt zu sein.

Im Kreise stumm erwartungsfroh,
so stehn sie alle wie in alten Zeiten,
wer mag die Jahre zählen?

Das Kind, um dessetwillen
sie gekommen sind,
liegt kaum erkennbar,
aber wohl behütet in Marias Armen,
und wie immer man auch die Figuren
um Lichtes Mitte stellt,
sie neigen ehrfurchtsvoll die Köpfe,
dies Wunder zu bestaunen,
das sich so oft schon
als frohe Botschaft wiederholt,
selbst wenn es manchmal sich
in Stellvertretern
ganz unscheinbar verbirgt, um dann
im rechten Augenblick zu künden,
was seinerzeit in Bethlehem geschah.

Besuch an der Krippe

Im Niederknien an der Krippe
bin eine ich von den Figuren,
die rings um eine Mitte sich versammeln,
gleich ihnen stumm,
jedoch in freudigem Erstaunen.

So bilden wir gemeinsam einen Kreis,
in dem ein helles, warmes Licht erstrahlt,
und jedes Wort entschwindet,
dafür dies Wunder,
sich still aufs Ganze niedersenkend,
lebendiges Zeichen,
das für immer in mir ruht.

Vertauschte Rollen

Das hätten sie sich damals
im Traume nicht gedacht,
die Hirten auf dem Felde,
als sie gekommen waren,
das Kind in Bethlehem zu suchen,
um ihren eigenen Hirten
an diesem Ort zu finden,
ihn, der sie einst behüten sollte.

So waren sie mit einem Male
die Schafe selbst geworden.
Vertauscht erlebten sie die Rollen,
indem sie ihrem Herrn
und Meister folgten,
geführt in seinem Schutze
zum Quell lebendigen Wassers.

Wiederkehr

Zwölf Nächte habt ihr treu gedient,
seid Zeugen göttlicher Geburt geworden
und dann zurückgekehrt
an euern Ausgangsort,
verwandelt aber nun
durch Himmelslicht
und Boten eines Neubeginns,
der mehr und mehr uns einbezog
im Staunen über dieses Wunder.

Das ist Geschenk wie keines sonst,
wir werden Hüter einer Flamme sein,
die Dunkelheit erhellt,
und in uns lebt Erwartung
steter Wiederkehr all derer,
die damals als die ersten Menschen
sich um die Krippe still versammelten.

Krippenfiguren

- acht Gedichte -

Krippenfiguren

Maria

Joseph

Hirtenbotschaft

Schafe

Die Weisen aus dem Morgenland

Leute an der Krippe

Engelsbotschaft

Krippenfiguren

Ganz unnahbar
so wirken sie,
die Holzfiguren an der Krippe,
gleichsam entlehnt
aus alten Zeiten.

Geredet haben sie nicht
wie Menschen tun,
stumme Wesen,
sehr verhalten,
doch so, dass in dir
Stimmen hörbar werden.

Der Blick in weite Ferne geht,
wo du zu erkennen glaubst,
welch´ Wunder
ihre Augen sehen.

Auch wenn sie
wortlos vor dir stehen,
so leben fortan sie
in deinem Innern
als treue Wächter eines Ortes,
der lichte Botschaft
von dem Kinde kündet.

Maria

Man muss sie einfach mögen,
die Maria, wie sie dasteht,
das Kind in beiden Armen,
schützend, hüllend,
leicht geneigt das Haupt
nach unten, wachsam,
wie die Mütter sind,
zu solchem Amt berufen.

Und einer Kerze
heller, lichter Schein
umspielt das Bild,
schafft eine Mitte,
die das Leben kündet
und Zeuge sein darf
eines höhern Seins.

Joseph

Josef, ich seh´ dich
an der Krippe stehn,
und in mir
wächst der Wunsch,
für einen Augenblick
ein Teil von dir zu sein,
Hüter, Wächter
göttlichen Geschehns,
fürsorglich schützend
was mit einem Mal,
in warmes Licht getaucht,
aus Himmels Höhn
in heilger Nacht
den Erdenkreis betritt,
still und unscheinbar,
als Retter unsrer Seelen.

Hirtenbotschaft

Träger froher Botschaft
waren sie geworden,
verwandelt kehrten sie zurück,
in Himmelslicht
getauchte Hirtenseelen,
lebendige Zeugen
einer Geistgeburt,
Begleiter uns,
den Weg dorthin zu weisen.

Dabei so arm und namenlos,
doch einem höhern Rufe folgend,
den Auftrag zu erfüllen
des Engels
draußen auf dem Feld,
der ausersehen war,
der Menschheit Heil zu künden.

Schafe

Wenn Schafe reden könnten
wär´ das so,
wie wenn sie
ihren künftigen Herrn und Meister
im Stall begrüßen wollten
und heut´ schon wüssten,
dass ein Anderer
die Herrschaft übernehmen
und keins verloren gehen wird.

So teilen unsre Freude sie
im Angesicht des neugebornen Kindes,
und unter seinem Schutz
wächst das Erlebnis
vom wahren, göttlichen Hirten.

Die Weisen aus dem Morgenland

Ob Könige sie gewesen sind
weiß niemand mehr zu sagen,
denn nirgends es geschrieben steht,
doch dass sie einen Stern gesehen,
der heller schien am Firmament
als jeglicher zuvor,
das war für sie
das Zeichen ihres Aufbruchs
zu jenem Ort,
von dem die Kunde ging,
dass dort der wahre König
dem Erdenleib sich einverwoben
und Herrscher nicht wie
alle andern sei,
vielmehr ein göttlich Kind,
die Menschheit zu erlösen,
im freigewählten Opfertod
am Ende seines jungen Lebens.

Die Weisen aus dem Morgenland,
so sind seitdem sie uns bekannt,
sie legen Zeugnis ab
von hoher Geistgeburt,
hingebungsvoll,
in jener Nacht zu Bethlehem,
in der sie ihren Herrn gefunden.

Leute an der Krippe

Und Leute wollten auch
dem Kinde nahe sein,
um deretwillen ja
das göttlich Wunder
in dieser Nacht geschah.

Des Engels Stimme war verstummt,
doch blieb zurück ein Lichtglanz,
hellem Flimmern gleich,
weit in die dunkle Nacht hinein
all denen, die mit offnem Herzen
den großen Augenblick verspürten,
dass da ein Kind
aus Himmelshöhn
in diese Welt gekommen sei,
die Sündenlast der Welt zu tragen,
und große Freude war bei ihnen,
wenn sie sich und ihr Staunen
in jenem Bild nun wiederfanden.

Engelsbotschaft

Und alle, die versammelt waren,
hatten gleiches Ziel empfangen,
indem die göttlich Stimme sie gerufen,
nächtens auf den weiten Fluren,
in strahlend helles Licht getaucht,
den Weg zu gehn nach Bethlehem.

So sind sie denn gefolgt den Spuren
des Engels, welcher ausersehn
die Botschaft zu verkünden,
um dann an diesem Ort
das Weltenwort zu finden,
als Zukunftsweg des irdschen Daseins
mit Himmelsmächten zu verbinden.

Sitzend vor der Krippe

Weihnachtsgedichte

2018

Sitzend vor der Krippe

Man könnte meinen,
dass ihr meinetwegen
euch hier versammelt hättet,
doch trügt der Schein,
indem ich mich begnügen muss
mit Staunen wahrzunehmen,
wie ihr euch schart
um eines Lichtes Mitte,
in der ein großes Wunder
den Menschen sichtbar wird.

Ein Engel ging voran,
ein Stern hat sie geführt
den Weg zum Ziel,
dem sie gefolgt,
im Stall das Kind zu seh´n.

Die Schafe an der Krippe

Die Schafe, sie hätten
den Weg zum Stall
vielleicht auch
ganz alleine gefunden,
indem den Hirten
sie vorausgeeilt,
um dann vor ihnen
als erste da zu sein.

Nun stehen sie
still und stumm
mit gesenkten Häuptern
im Strahlenglanz
einmaligen Geschehens,
und Zeugen eines Wunders,
das Himmel und Erde
inmitten der Nacht
in Helligkeit vereint.

Viele noch gekommen sind,
doch keiner wohl
hat göttlichen Atem
so unmittelbar verspürt.

Wortloses Staunen

Was sollen Worte da,
wenn strahlend heller Glanz
den Himmelsraum erleuchtet
und wundersames Licht
zur Krippe sich herniedersenkt?

Dort stehn sie alle, die gekommen
und Zeugen sind
einmaligen Geschehns,
ganz still und stumm
in kindlichem Erstaunen.

Auch ich fühl´ mich zurückversetzt,
den Weg zu gehn,
der hinführt zu dem Stall,
um mit dabei zu sein,
wenn göttlich Wesen sich
der Erde nun vereint.

Jährliche Botschaft

Ihr meine lieben Freunde
seid mehr und mehr
in treuer Wiederkehr
zu Weggefährten mir geworden
und Träger einer Botschaft,
welche Jahr für Jahr
aus Himmelshöhen
zu uns dringt
und Heimat sucht auf Erden,
wo alles einmal angefangen,
den Menschheitsweg
in höhern Sphären zu vollenden..

Auch wenn ihr stumm euch
um die Krippe schart,
kann jeder dieses Wunder sehn,
wenn er bereit ist wahrzunehmen,
was diese Nacht für uns geschehn.

Heimkehr der Krippenfiguren

Sie werden leise weggehn,
wie sie gekommen sind,
und so auch dieses Jahr,
nachdem die Botschaft
sie vernommen
als Zeugen einstigen Geschehns.

Geredet haben sie nicht
wie Menschen oftmals tun,
doch war trotz ihrer Stummheit
die Sprache zu vernehmen,
mit der sie
dieses Wunder priesen,
auch so ganz anders
als mit vielen Worten,
vielmehr um göttlich Licht,
in das sie eingetaucht,
in weitem Umkreis zu verbreiten.

In Erwartung der Wiederkunft

Nun bleibt, nachdem ihr weggegangen,
zurück ein seltsam Leuchten,
wo ihr gestanden seid,
dem innern Auge wahrnehmbar.

Was ihr vermittelt habt,
ist jetzt zum Innenlicht geworden
und wie geheimnisvolles Zeichen,
dem Zeitenfortgang einverwoben.

Nur manchmal werden sichtbar
die Spuren, die ihr hinterlassen,
und dann keimt Freude auf,
die in Erwartung lebt des Sterns,
der uns nach Jahres Wiederkehr
von jenem Wunder künden wird,
das einst vom Himmel auf die Erde
den Weg zu uns gefunden hat
und dessen Zeugen ihr noch heute seid.

Eine Weihnachtsgeschichte

Stumme Zeugen vergangener Zeit,
Krippenfiguren aus Holz geschnitzt:
so sind sie seit Jahren
zu treuen Begleitern geworden,
und immer zur Weihnachtszeit
nehmen sie ihre Plätze ein
nach langem, geduldigem Warten,
wie wenn am Ende einer weiten Reise
sie wieder zueinander gefunden hätten,
Kunde zu geben
von jenem großen Ereignis,
dessen Diener sie geworden sind.

Früher waren es noch leuchtende Kinderaugen,
in denen sich der Kerzenglanz gespiegelt hat.
Doch das ist lange her,
nachdem sie, groß geworden, fortgezogen.
Einzig und allein zurückgeblieben:
ein alter Mann, der vor der Krippe sitzt,
so stumm wie die Figuren, die da stehen,
in ihre Gemeinsamkeit mit aufgenommen,
und ihm wird wunderlich zumute,
als wäre er zurückgekehrt für einen Augenblick:
das Weihnachtslicht von damals,
wo war es nur geblieben?

Und so entzündet er die Kerzen,
wenn auch nur mühsam an der Krippe kniend.
Die Holzfiguren aber danken ihm im Lichtschein.
Es ist als ob zu neuem Leben sie erwachen,
den Dienst zu tun, der ihnen auferlegt,
Maria mit dem Kind im Arm als erste zu begrüßen.

Nachwort

*Die Holzfiguren auf den Bildern im Gedichtband sind im Jahre
1975 im Handarbeitsunterricht der Freien Georgenschule
(Waldorfschule) Reutlingen unter Anleitung ihres Werklehrers
Johannes Güdemann entstanden.
Von ihm stammt die Maria, bei allen anderen Figuren handelt
es sich um Arbeiten von Schülern einer achten Klasse.
Die Krippe fand beim Bazar des selben Jahres in Wolfgang
Rinn einen Käufer und befindet sich seit damals in dessen
Privatbesitz.*

*Die kleine Holzkrippe auf Seite 10 wurde in den Werkstätten
der Dorfgemeinschaft Hermannsberg hergestellt.
Die Tonfigur auf Seite 42 ist eine Arbeit von Petra Rinn.*

weitere Gedichtbände des Autors

Weg ins andere Land
Gedichte, 2018
ISBN 9783748149972, Paperback, 5,90 €

Geflügelte Wesen - Bewohner der Lüfte
Vogelgedichte, 2017
ISBN: 9787346062532, Paperback, 9,90 €

Kreuzweg in 15 Stationen in der Bonifatiuskapelle in Metzingen / Württemberg
Meditiative Bildbetrachtungen, 2017
ISBN: 9783744868815. Paperback, 9,95 €

Silser Tagebuch
Erinnerungen und Begegnungen. 2012
ISBN 9783848254316, Paperback 44 Seiten, 3,90 €

Wortblumen
Gedichte, 2014
ISBN: 9783746062532, Papaeback, 8,90 €

Jedem sein eigenes Tempo
52 Tiergedichte für Jung und Alt -Gedichte- 2011
ISBN 9783842376939, Paperback, 84 Seiten, 8.90 €

Wortblüten -Gedichte-
Gedichte, 2009
ISBN 978-3-8391-4141-0, Paperback, 108 Seiten, 8.90 €